AF316080

...IONS ÉLÉMENTAIRES D'ÉCONOMIE POLITIQUE

—·—>·|·<—·—

COURS PRÉPARATOIRE

à l'obtention des différents grades de l'enseignement
primaire supérieur

PAR

M. POULET

LICENCIÉ EN DROIT

Professeur d'Économie politique et de Législation usuelle

M. POULET || OBERTHUR

A PARIS || A RENNES

1895

NOTIONS ÉLÉMENTAIRES
D'ÉCONOMIE POLITIQUE

COURS PRÉPARATOIRE

à l'obtention des différents grades de l'enseignement
primaire supérieur

PAR

M. POULET

LICENCIÉ EN DROIT

Professeur d'Économie politique et de Législation usuelle

M. POULET || OBERTHUR
A PARIS || A RENNES

1895

PRÉFACE

Qu'est-ce que la richesse? — Quels sont les éléments productifs de la richesse? — Qu'est-ce que le capital? — Qu'est-ce que le loyer? — Qu'est-ce que l'intérêt? — Qu'appelle-t-on profit, salaire? — Qu'est-ce que la monnaie? — Qu'entend-on par monnaie fiduciaire? — Qu'est-ce que le crédit? — Qu'est-ce qu'une lettre de change — un billet à ordre — un chèque — un warrant — un récépissé — un billet de banque? etc.

Telles sont, pour n'en prendre que quelques-unes au hasard, les questions que tout aspirant ou aspirante aux brevets élémentaire et supérieur, pourra se voir poser par les membres du jury d'examen, et auxquelles, ahuri et déconcerté, il aura à répondre tant bien que mal.

En effet, ces quelques questions que je viens d'énumérer, toute personne qui suit avec intérêt les différentes sessions d'examens, a pu les entendre poser à son enfant ou à son élève. Tout maître ou maîtresse de pension, chef d'institution ou directeur de cours, qui a pris des notes aux examens oraux et recueilli toutes les questions, n'aura pas besoin de chercher longtemps dans son carnet pour y trouver une de ces interrogations d'Économie politique (car, disons-le tout de suite, ces matières sont du domaine de la science économique), et, souvent même, à côté d'une de ces questions, on en relèvera une autre portant sur la législation usuelle.

Il importe donc à tout candidat, quelque peu désireux de voir ses efforts couronnés par le succès, de posséder les premières notions sur des matières qui tendent de plus en plus à envahir le programme des examens, pour y occuper, peut-être prochainement, une place importante.

C'est donc avec l'intention de répondre à un besoin urgent, et avec l'espérance d'être utile à tous nos futurs instituteurs et institutrices, éducateurs de nos enfants et petits-enfants, que j'ai réuni en quelques chapitres les éléments essentiels de cette science que l'on appelle Économie politique. — Je me garderai bien de prétendre émettre des théories personnelles; outre qu'elles risqueraient d'être sans valeur aucune, elles m'éloigneraient du but que je me suis efforcé d'atteindre: rendre service à notre jeunesse studieuse de l'enseignement primaire supérieur, en l'aidant à préparer ses examens et en lui faisant connaître les éléments d'une science qui fait sans cesse des progrès. Je me suis donc contenté, comme je devais le faire d'ailleurs, de reproduire et de résumer, aussi clairement que possible, en essayant de les mettre à la portée des lecteurs auxquels je m'adresse, l'enseignement et la doctrine vulgarisés par des maîtres incomparables et par de savants auteurs.

Quelle que soit la faveur qui pourra être accordée à ce petit travail, il me suffira d'être convaincu que tous ceux qui, animés du désir de bien préparer leur examen, y auront puisé, n'auront pas à regretter d'avoir étudié des matières que l'on croit plus arides qu'elles ne le sont et reconnaîtront qu'il n'y a pas lieu de s'effrayer à l'idée que l'on sera forcé de répondre à des questions sur l'Économie politique.

Brévannes, le 30 octobre 1895.

PLAN

Qu'est-ce que l'Économie politique?

L'Économie politique, c'est la science de la richesse, considérée :

Iᵒ Dans sa production ;

IIᵒ Dans sa répartition ;

IIIᵒ Dans sa circulation ;

IVᵒ Dans sa consommation.

SECTION PREMIÈRE

PRODUCTION DE LA RICHESSE

Qu'est-ce que la richesse?

Quels sont les éléments de production de la richesse?

§ 1ᵉʳ La nature.

§ 2ᵉ Le travail.

§ 3ᵉ Le capital.

SECTION DEUXIÈME

RÉPARTITION DE LA RICHESSE

I. De la part revenant au capitaliste dans la répartition de la richesse.

A. Du loyer — ou part du propriétaire foncier ;
Légitimité de la propriété.

B. De l'intérêt — ou part du capitaliste ;
Légitimité du prêt à intérêt.

II. De la part revenant aux travailleurs dans la répartition de la richesse.

A. Du profit — ou part de l'entrepreneur.

B. Du salaire — ou part de l'ouvrier.

Des différentes combinaisons du salaire.

SECTION TROISIÈME

CIRCULATION DE LA RICHESSE

I. De l'échange.

II. De la monnaie.

C'est une marchandise, son utilité, ses caractères.

III. Du commerce.

Commerce intérieur — liberté du commerce intérieur.

Commerce extérieur { Importation. / Exportation.

Liberté du commerce extérieur.

Protection et prohibition;

Libre-Échange.

IV. Du crédit — son but — son utilité.

I° Du commerce de banque — ses opérations.

A. Le banquier est l'intermédiaire entre le capitaliste et l'emprunteur.

1° Escompte des effets de commerce;

2° Ouverture de crédit;

3° Prêt sur titres.

B. Le banquier est le caissier de ses clients.

1° Du chèque;

2° Du virement;

3° Du compte courant.

Du billet de banque.

NOTIONS ÉLÉMENTAIRES

D'ÉCONOMIE POLITIQUE

L'Économie politique est la science de la richesse. Telle est la définition aussi exacte que concise par laquelle on a coutume de répondre à cette question : Qu'est-ce que l'Économie politique?

Si cette définition a pour elle l'avantage d'être courte; si, à ce premier avantage, elle en joint un second, celui d'être exacte, il n'en est pas moins vrai que l'esprit inquiet, désireux de s'instruire et de connaître le but d'une science, son objet, demeurera comme anéanti par cette réponse, dans laquelle il n'aura pu trouver les éléments nécessaires pour satisfaire sa curiosité. — Nous ajouterons donc quelque chose à la définition classique mais sèche de l'Économie politique, et nous dirons que c'est *la science de la richesse, étudiée dans sa production, dans sa répartition, dans sa circulation, et, enfin, dans sa consommation.*

Et, c'est cette définition même qui nous servira désormais de guide dans notre étude et qui nous fournira le plan de notre travail, lequel comprendra quatre sections.

Ire Section. — *Production de la richesse.*

IIe Section. — *Répartition de la richesse.*

IIIe Section. — *Circulation de la richesse.*

IVe Section. — *Consommation de la richesse.*

2

SECTION PREMIÈRE

PRODUCTION DE LA RICHESSE

Avant de rechercher quels peuvent être les éléments de production d'une chose, il faut tout d'abord savoir ce que c'est que cette chose. Avant de fabriquer un objet, avant de composer un corps, il faut connaître l'objet que l'on veut fabriquer, le corps que l'on veut composer. Que l'on n'aille pas dire que l'inventeur d'une machine ne la connaissait pas puisqu'il a été le premier à la produire. Il la concevait; or, concevoir, c'est connaître.

Il nous faut donc savoir ce que c'est que la richesse, avant de chercher par quels éléments elle est produite.

On appelle richesse, en Économie politique, tout objet matériel, utile, et qui a reçu de l'homme une appropriation. La richesse sera la masse des objets qui rempliront ces conditions.

Un objet matériel ne sera pas une richesse, s'il n'a pas d'utilité ; eût-il même une grande utilité, il ne constituera pas encore une richesse tant que l'homme ne se sera pas approprié cette utilité par son travail. Par exemple : la vapeur est une chose matérielle, utile, mais elle n'a pas toujours été une richesse ; la vapeur n'est devenue richesse que du jour où l'homme a pu l'approprier par son travail, et l'a faite prisonnière dans la chaudière de la machine pour utiliser sa force.

Il résulte de ce qui précède, que produire n'est pas créer, et que la production de la richesse n'est autre chose qu'une transformation de la matière, une appropriation d'un objet utile.

Pour produire la richesse, il faut donc qu'il y ait une chose à transformer et un pouvoir transformateur.

La nature fournira à l'homme la matière à transformer.

Le travail de l'homme opérera cette transformation.

Nous aurons donc ainsi les deux éléments de production de la richesse : 1° la nature; 2° le travail.

A ces deux éléments de production, la plupart des auteurs en ajoutent un troisième : le capital; mais il est facile de comprendre ce troisième élément dans le second, car le capital n'est autre chose que du travail économisé.

Nous traiterons donc successivement :

1° *De la nature;*

2° *Du travail;*

3° *Du capital.*

§ Ier. — DE LA NATURE

Le premier élément de production de la richesse, c'est la nature, autrement dit, la terre avec tous les agents naturels qu'elle renferme ou qui l'entourent, comme l'atmosphère, l'eau, le feu, la lumière et la chaleur du soleil.

La nature nous fournit les matières premières destinées à être transformées en richesses : marbres, minerais, eau, bois, etc...; elle met à notre disposition des forces multiples que nous transformerons également en richesses en les utilisant; par exemple : la force des cours d'eau, des vents, des animaux, etc... — Elle fournit encore l'espace nécessaire à l'homme pour exercer son activité et accomplir son travail transformateur.

L'usage de tous ces éléments est gratuit, sauf à l'homme à dépenser son intelligence, ses forces, son industrie pour transformer tous ces éléments naturels et les faire concourir à la production de la richesse. Ce sera l'œuvre du travail.

§ II. — DU TRAVAIL

Le travail est une manifestation de l'activité humaine se traduisant sous forme d'un effort volontaire, en vue d'un résultat à obtenir.

On divise le travail en travail directement productif de richesse et en travail indirectement productif de richesse.

Le travail du charron qui fabrique une voiture, rentre dans la première catégorie, on l'appelle aussi travail industriel; le travail auquel se livre un patron, quand il enseigne son métier à un apprenti, rentre dans la seconde catégorie.

Le travail n'est vraiment productif de richesse qu'autant qu'il est organisé, qu'il s'établit entre les travailleurs une sorte d'association en vue d'obtenir un résultat.

Cette organisation du travail se manifeste sous deux aspects :

La division du travail,

Le travail combiné.

La fabrication des épingles est un exemple de la division du travail; douze hommes qui réunissent leurs efforts pour mettre en place une grosse pierre de taille, font un travail combiné.

Le travail est une manifestation de l'activité humaine;
mais ce n'est pas que cela, nous avons ajouté que cette
activité se produisait sous forme d'un effort volontaire,
c'est qu'en effet, il n'y a travail que quand les muscles,
qui se tendent et font un effort, agissent sous l'impulsion
de la volonté, que quand le cerveau de l'écrivain ou du
poète est mû par la volonté; et, de plus, les efforts
accomplis sur l'instigation de cette volonté doivent être
faits en vue d'un résultat. Par exemple : je suis en va-
cances, le matin avant mon déjeuner j'ai coutume de faire
une promenade; un jour, je rencontre, en sortant de chez
moi, le garde champêtre qui commençait sa tournée, nous
causons et finalement je lui propose de l'accompagner, il
accepte et nous voilà partis, toujours causant; nous faisons
ainsi tout le tour du pays et, après trois ou quatre heures
de marche, nous nous quittons tous deux très fatigués.
De nous deux, un seul a travaillé, c'est le garde champêtre; pour moi, j'ai bien fait un effort et même plusieurs
efforts, je m'en ressens assez; mes efforts ont été volon-
taires, c'est bien par suite de ma volonté que mes jambes
marchaient; mais seul mon compagnon de route agissait
en vue d'un résultat à obtenir, sa subsistance et celle de
sa famille. Par suite de l'habitude, cet effort volontaire
pouvait bien être accompli machinalement; le résultat à
obtenir, mon compagnon ne s'en rendait probablement
pas compte, peu importe, c'est à la philosophie à résoudre
le problème; en Économie politique, il y a toujours travail.

L'Industrie. — Nous avons désigné plus haut sous le
nom de travail industriel, celui qui, directement productif

de la richesse, transforme la matière première, ou donne à un objet déjà utile une utilité plus grande encore. Or, l'organisation de ce travail directement productif de richesse donne naissance à l'industrie ou, pour parler plus exactement, aux différentes industries que les auteurs répartissent généralement en cinq groupes qui sont :

1° *Industries extractives.* — Ce sont les premières dans l'ordre logique de la production des richesses ; la première chose à faire consistant à se procurer la matière première destinée à être transformée par l'industrie manufacturière, à laquelle l'industrie commerciale et l'industrie des transports donneront une plus grande utilité.

Les principales industries extractives sont : l'exploitation des mines, des carrières, des puits à pétrole, des tourbières ; ne peut-on pas y joindre aussi l'exploitation des forêts de chêne-liège, etc.?

2° *Industries agricoles*, consistant à faire travailler la terre et à lui faire produire les principaux éléments de la nourriture de l'homme et des animaux qu'il utilise, et aussi certaines plantes industrielles (chanvre, lin, plantes tinctoriales, betteraves et cannes à sucre.

3° *Industries manufacturières*, qui mettent en œuvre les matières premières, les transforment, les rendent utilisables sous toutes sortes d'aspects.

4° *Les Industries commerciales*, dont le but est de mettre le producteur en rapport avec le consommateur.

5° *L'Industrie des transports*, qui permet d'écouler, vers les différents points du monde entier, les produits bruts ou manufacturés qui se trouvent en trop grande abondance dans les lieux d'où ils sont extraits et transformés. L'industrie des transports rend de grands services à l'industrie commerciale et lui permet d'atteindre son but qui, nous venons de le voir, consiste à mettre le producteur en rapport avec le consommateur.

Ces diverses industries, dont nous venons de faire l'énumération, dépendent en quelque sorte les unes des autres, leur but est le même, elles tendent toutes d'une façon plus ou moins immédiate vers le même idéal qui est la production de la richesse, destinée à améliorer le sort des hommes en leur rendant le travail plus facile et la vie plus confortable. Les industries du commerce et des transports permettent l'écoulement des produits manufacturés, et l'industrie manufacturière elle-même ne fait que mettre en œuvre et transformer les produits bruts qui lui sont fournis par les industries extractives et agricoles. Elles ont toutes besoin les unes des autres, en sorte que l'une ne ne peut s'accroître et progresser pendant que les autres restent stationnaires; l'industrie manufacturière ne peut se développer si les industries extractives et agricoles ne lui fournissent de nouveaux éléments de travail, de nouveaux produits à transformer. D'où il résulte que des règles immuables président au développement des diverses industries qui ne peuvent prendre d'extension qu'autant que cette extension sera simultanée et proportionnelle.

Les auxiliaires du travail, les machines. — Nous avons vu que l'homme, livré à lui-même, est à peu près impuissant à produire la richesse. A peine arrive-t-il à assurer son existence qui se passe tout entière à lutter contre les éléments.

Ce n'est que par l'organisation du travail, par la coopération, que les efforts de l'homme peuvent aboutir à un résultat appréciable. Mais, même organisé, le travail de l'homme serait encore bien impuissant, s'il n'était énergiquement secondé par les forces naturelles et par les machines, qui ne sont elles-mêmes que des moyens d'utilisation de ces forces naturelles qui se substituent aux efforts de l'homme et lui permettent de se livrer utilement à d'autres travaux.

C'est donc à tort que l'on a reproché aux machines d'être une cause de ruine pour les travailleurs qu'elles jettent à leur apparition, par milliers, sans travail et sans pain sur le pavé. Il est vrai, en effet, que l'apparition d'une machine, qu'un homme pourra conduire et qui à elle seule accomplira le même travail que quinze hommes, et souvent plus, pourra bien jeter momentanément le trouble dans une industrie, mais, par le seul fait qu'une industrie ne peut progresser sans que les autres fassent de même, les ouvriers qui ont été remplacés ici par la machine, trouveront ailleurs à employer leur activité. il faudra bien alimenter. ce monstre odieux, lui fournir des matières premières à transformer, du charbon pour le mettre en activité, etc.

Si l'organisation du travail est un puissant moyen de le rendre productif de richesse, il est nécessaire que cette organisation soit le résultat d'un mouvement spontané et du libre exercice de la volonté de l'homme.

Il faut, pour être productif de richesse, que le travail soit organisé, mais il est nécessaire de le laisser s'organiser, la liberté du travail est une condition du progrès;

il faut que chacun puisse choisir librement sa carrière et mettre en œuvre toutes les aptitudes qu'il tient de la nature, sans avoir à craindre de se heurter aux barrières infranchissables dont l'ancien régime avait su entourer telle ou telle corporation.

§ III. — DU CAPITAL

Le capital, que l'on doit considérer comme du travail accumulé, est, avons-nous dit, le troisième élément de production de la richesse, tout en étant lui-même une richesse, puisqu'il est le produit du travail, et que nous venons de voir figurer le travail comme l'un des éléments de production de la richesse, d'où il résulte que l'on peut définir le capital de la façon suivante : *une richesse destinée à produire des richesses.*

Si tout capital est une richesse, la réciproque n'est pas vraie, et l'on ne peut pas dire que toute richesse constitue un capital. Il faut donc distinguer parmi les richesses celles qui doivent être mises en œuvre pour produire de nouvelles richesses : comme par exemple une machine à vapeur, et celles qui sont destinées à être consommées, par exemple des denrées alimentaires : les premières seules constitueront un capital, et l'ensemble de ces richesses productives formera ce que l'on est convenu d'appeler le fonds de capitaux, par opposition au fonds de consommation qui comprendra l'ensemble des richesses non productives et qui sont destinées à la consommation.

Mais il est nécessaire de remar uer ici que cette distinction qui vient d'être faite entre le fonds de capitaux et le fonds de consommation ne sera rigoureusement vraie que si l'on se place au point de vue social. Si, au contraire, on envisage la question au point de vue individuel, il pourra en être tout différemment. En effet, les machines, les bâtiments, etc., feront toujours partie du fonds de capitaux, aussi bien au point de vue de l'individu, du particulier, qu'au point de vue de la société, mais, par contre, et bien souvent, tel objet qui, à l'égard de la société, sera compris dans le fonds de consommation, devra figurer dans le fonds de capitaux à l'égard de tel individu déterminé; par exemple, les produits alimentaires que nous avons placés dans le fonds de consommation par rapport à l'universalité, devront figurer dans le fonds de capital de l'épicier, car, pour lui, ces denrées sont un élément de production de la richesse.

En outre, si les produits formant le fonds de consommation sont destinés à disparaître, il ne faut pas croire qu'il en soit autrement des différents éléments qui constituent le fonds de capitaux; ce n'est, en effet, qu'en se consommant et en disparaissant que les capitaux pourront jouer leur rôle et devenir un élément de production.

Les capitaux, eux aussi, sont donc destinés à disparaître, pour ensuite reparaître sous d'autres formes, la masse des produits manufacturés ne sera pas autre chose que l'équivalent : de la houille employée à l'alimentation des machines, de l'usure de ces machines, de la matière première transformée, l'équivalent encore de la monnaie consommée pour payer les ouvriers, etc.; ce sera l'équivalent de tout cela augmenté toutefois d'un nouvel élément, le bénéfice du fabricant qui sera alors la richesse produite par les capitaux consommés.

Le fonds de capital est donc appelé, lui aussi, à être consommé; mais sa disparition sera plus ou moins lente, selon qu'il s'agira de tel ou tel capital; c'est ainsi que le charbon destiné à l'alimentation des moteurs et qui est un capital sera consommé très rapidement, tandis que la machine à vapeur disparaîtra plus lentement par suite d'une usure parfois insensible. D'où il résulte que l'on divise le fonds de capitaux en capitaux fixes et en capitaux circulants; les premiers sont ceux dont la disparition se produit insensiblement par l'usure, qui ne se transforment que progressivement et qui rendent de longs services à la production avant de disparaître d'une façon définitive; les seconds sont ceux qui, au contraire, ne peuvent se transformer en richesse qu'à la condition de disparaître sans retour, pour avoir leur équivalent dans les produits fabriqués.

Et, de même que nous avons vu que les industries dépendaient les unes des autres et ne pouvaient s'accroître et progresser qu'autant que leur extension serait simultanée et proportionnelle, de même le fonds de capitaux et le fonds de consommation sont, à l'égard l'un de l'autre, sous une dépendance continuelle, en sorte que le fonds de consommation ne peut s'accroître sans que le fonds de capitaux ne le suive dans la même voie, de la même manière, et dans la même proportion. En effet, si la matière première, composant le fonds de consommation, vient à augmenter considérablement, alors que le nombre des machines, composant le fonds de capitaux, reste le même, il y aura une grande quantité de matériaux, faisant partie du fonds de consommation, qui ne seront pas consommés en vue de la production, et dont l'existence sera alors tout à fait inutile. Réciproquement, si le fonds de capitaux seul marche dans la voie du progrès, ce ne peut être qu'à son détriment, car une partie de ce fonds devra rester dans l'inaction faute d'alimentation.

Quelle peut être maintenant la source de ce troisième élément de production de la richesse, qui est le capital? autrement dit, comment le capital se forme-t-il, comment s'augmente-t-il?

Nous avons déjà formulé cette idée, dès le début de notre étude, que le capital n'était autre chose que du travail accumulé, et que, par conséquent, on pourrait réduire à deux seulement les éléments de production de la richesse savoir : la nature et le travail, lequel comprendrait alors le travail dépensé et le travail accumulé.

Si donc, le capital n'est que du travail économisé, il est facile de déterminer quel est l'élément constitutif, la source du capital et l'on pourra dire que le capital naît de l'épargne.

Mais, le fait d'épargner ne suffit pas pour former le capital. L'épargne toute seule entasse richesse sur richesse et crée le trésor qui ne sera un capital qu'à la condition de ne pas demeurer inactif, de recevoir une destination, d'être utilisé en vue de produire de la richesse ou d'augmenter celle déjà existante.

SECTION DEUXIÈME

RÉPARTITION DE LA RICHESSE

Nous venons d'assister à la production de la richesse et nous avons vu dans la nature, le travail et le capital, quels sont les éléments qui concourent activement à cette production.

La richesse, une fois créée, ne doit pas s'immobiliser, elle ne doit pas rester sans maîtres; appartenant à ceux qui l'ont fait naître, elle se répartira donc entre le travail et le capital, proportionnellement à la part contributoire que chacun aura prise dans la production. Quant à la nature, elle n'assistera pas au partage, c'est bien elle, il est vrai, qui concourt le plus puissamment à la production de la richesse en fournissant au travail et au capital les matières premières destinées à être transformées; c'est bien elle qui crée une grande partie de la richesse en mettant à la disposition de l'homme toute une série de forces qu'il n'a plus qu'à utiliser et à diriger : courant des fleuves, puissance des torrents, force des vents, etc.

Mais ce que donne la nature, elle l'offre gratuitement à tous ceux qui veulent bien se donner la peine de le prendre et d'en tirer parti; c'est à titre gracieux qu'elle prête le concours de ses forces à ceux qui savent le lui demander. Nous allons donc voir la richesse se partager entre le capital et le travail et nous rechercherons quelle part sera attribuée aux capitalistes, quelle part reviendra aux travailleurs.

I. — DE LA PART REVENANT AU CAPITALISTE
DANS LA RÉPARTITION DE LA RICHESSE

Nous employons ici le mot capitaliste dans son sens le plus large et nous désignons par là tous ceux qui, détenteurs de capitaux, lès ont fait concourir à la production de la richesse : le propriétaire d'une ferme, d'un domaine, désigné plus communément sous le nom de propriétaire foncier, est un capitaliste ; la terre qu'il a travaillée, qu'il a amendée, qu'il a pour ainsi dire transformée en la défrichant, est devenue pour lui un capital auquel il fait produire de la richesse, en la donnant à bail à un fermier, et le fermage ou loyer sera la part du propriétaire foncier dans la répartition de la richesse.

Le capitaliste proprement dit sera celui qui, ayant économisé une certaine quantité de travail et l'ayant transformée en monnaie, qui, en Économie politique, n'est autre chose que l'équivalent de toute richesse, fera des avances de fonds, et sa part dans la répartition de la richesse prendra le nom d'intérêt.

D'où il résulte que la part du capitaliste dans la répartition de la richesse se présentera sous les deux aspects suivants :

Du loyer ou part revenant au propriétaire foncier.

De l'intérêt ou part du capitaliste proprement dit.

A. Du loyer ou de la part revenant au propriétaire foncier dans la répartition de la richesse. — Nous venons de voir que la terre, après qu'elle a été défrichée, cultivée et appropriée à la culture, est devenue un capital pour celui qui en est propriétaire, nous venons de voir également que le capital, étant l'un des éléments de production de la richesse, il a droit à une part de cette richesse qui n'existerait pas sans lui. En conséquence, le propriétaire du capital, ici le propriétaire foncier doit recevoir sa rémunération pour le travail qu'il a d'abord accumulé pour ensuite le faire concourir sous forme de capital à la production de la richesse.

Mais voilà qu'au moment de faire la distribution de la richesse et d'allouer au propriétaire foncier la part qui lui revient, une voix s'écrie du milieu de l'assemblée des répartiteurs : *La propriété c'est le vol.* Ce cri trouve un écho parmi les assistants; quelques-uns se lèvent, loqueteux, débraillés, ivres pour la plupart, à l'œil caverneux qui ne laisse plus échapper qu'un regard presque éteint, noyé en quelque sorte dans la débauche et le vice et dans lequel on ne voit plus briller que la haine, la cupidité et l'envie; ils vocifèrent des paroles menaçantes et répètent: « La propriété c'est le vol, mort à ceux qui viennent prendre une part à laquelle ils n'ont aucun droit dans la distribution d'une richesse qui est tout entière l'œuvre du travail. »

On met donc en doute la légitimité de la propriété individuelle, au moment même où nous nous disposons à lui assigner une part dans la répartition de la richesse. Les socialistes de toutes les écoles cherchent à ébranler et à détruire le fondement même de toute organisation sociale, à rendre inutiles les efforts accumulés des nations civilisées pour arriver au régime de la propriété individuelle et à effacer les avantages de ce régime.

La propriété, d'après les doctrines socialistes, c'est le vol; elle n'est, en effet, que la récompense de l'usurpation :

> Le premier qui fut roi, fut un usurpateur.

Les biens de la nature appartiennent indistinctement à tous les hommes qui n'ont pris individuellement qu'un seul droit, celui d'utiliser les choses faisant partie du patrimoine commun, sans se l'approprier au détriment du reste de l'humanité.

D'ailleurs, ajoutent les socialistes, la propriété individuelle n'a-t-elle pas pour résultat d'aboutir à l'injustice et d'engendrer les inégalités sociales les plus choquantes. L'un s'enrichit sans rien faire, en touchant les revenus de ses domaines, tandis que l'autre reste pauvre en travaillant, et leur conclusion est celle-ci : substituer au régime injuste de la propriété individuelle, celui de la propriété collective.

Bien que cette question de la légitimité de la propriété individuelle constitue l'un des plus intéressants problèmes de l'Économie politique, le plan de cette rapide étude ne nous permet pas d'entrer dans la discussion détaillée d'une question que nous essayerons seulement de résoudre.

A supposer que le premier propriétaire du sol ait été un usurpateur, est-ce une raison pour en demander compte au propriétaire actuel qui le détient légitimement de tous ses prédécesseurs, qui l'ont tous acheté avec le produit de leur travail, qui l'ont tous payé de leur sueur.

Le premier propriétaire lui-même est-il vraiment un

usurpateur, et n'a-t-il pas fait sienne, en la cultivant et en l'appropriant par son travail et son industrie, la terre qu'il détient.

La nature a mis gratuitement à la disposition de l'homme une matière première que celui-ci a utilisée et transformée en un capital qui devait lui être propre, puisque, sans son travail, ce capital n'aurait pas existé, ou n'aurait existé qu'à l'état latent.

Enfin, si les inégalités sociales sont souvent dues au hasard, il ne faut pas en déduire qu'elles sont le résultat injuste de la propriété individuelle. Si, bien souvent, le riche n'a rien fait pour être riche, c'est que d'autres ont travaillé pour lui; bien souvent aussi, la pauvreté n'est que le résultat, le fruit de la paresse, de la débauche et du vice. Ce n'est pas à dire pour cela qu'il n'existe pas des inégalités choquantes, comme disent les socialistes, et que ces inégalités ne sont pas, bien souvent, le pur effet du hasard. — Je veux bien admettre que c'est là un mal, mais que l'on me concède que c'est un mal nécessaire.

La propriété individuelle n'a donc rien d'injuste ni d'immoral; elle est légitime, et le propriétaire foncier a droit comme capitaliste à une part dans la répartition de la richesse; cette part, nous l'avons déjà dit, sera le fermage ou loyer.

B. DE L'INTÉRÊT OU DE LA PART DU CAPITALISTE DANS LA RÉPARTITION DE LA RICHESSE. — Le propriétaire foncier, lorsqu'il joue le rôle de capitaliste, se borne, avons-nous dit, à mettre à la disposition du fermier, du cultivateur, un domaine, une ferme, une certaine étendue de terrain, moyennant un certain prix déterminé à l'avance, qui, sous le nom de fermage ou loyer, représente la part du propriétaire foncier dans la répartition de la richesse, à laquelle il aura lui-même contribué.

Le capitaliste proprement dit met, à la disposition de l'industrie et du travail, des capitaux mobiliers, généralement de la monnaie qui est, nous le savons, l'équivalent de toute richesse. Il concourt ainsi, lui aussi, à la production de la richesse, il a donc droit, également, à ce titre, à une part de cette richesse, et tout ce qui n'aurait pas été créé sans son concours lui appartient à titre de rémunération.

Cette part du capitaliste dans la répartition de la richesse, ce prix du service rendu par la monnaie prêtée porte le nom d'intérêt. L'intérêt de l'argent n'est donc pas autre chose que le prix du service rendu par le capitaliste au travailleur qui n'aurait pu, sans ces capitaux, se procurer les matières premières ou les machines sans lesquelles il n'aurait pu utiliser ses capacités personnelles.

Ce prix de l'argent, que l'on désigne sous le nom de taux de l'intérêt, varie suivant des circonstances multiples et suit toutes les règles de la loi de l'offre et de la demande.

Mais ici encore, et au moment où nous nous disposons à faire la part du capital dans la distribution de la richesse, en attribuant au capitaliste le prix de son argent sous le nom d'intérêt, voilà que les socialistes s'émeuvent, s'agitent et refusent à l'argent le prix des services qu'il rend dans la production, comme ils ont refusé au propriétaire foncier le droit à sa part dans la plus-value qu'il a donnée à la richesse. Ils prétendent, ici encore, que la richesse n'appartient qu'à ceux qui l'ont produite, c'est-à-dire aux travailleurs.

Ils ne reconnaissent qu'un seul élément de production, c'est le travail. Le capital n'a droit à rien dans la répartition, l'intérêt de l'argent est illégitime. De plus, l'histoire semble offrir un point d'appui à leur théorie; en effet, le prêt à intérêt était interdit au moyen âge, et, après que la Révolution eut fait disparaître cette prohibition, le législateur de 1807 vint entraver l'entière liberté du prêt à intérêt, en en limitant le taux. Nous allons voir que cette limitation est plus dangereuse qu'utile et qu'elle doit disparaître.

Quoi qu'en disent les socialistes, la légitimité du prêt à intérêt est incontestable. Le capital n'exerce pas une action active sur la production de la richesse, c'est possible; mais, sans lui, le travail serait moins productif, plus lent et quelquefois impossible. Le travail produit la richesse, c'est exact; mais, secondé par le capital, il en produit bien davantage. Peut-on refuser, sans injustice, d'attribuer au capital une part de cette richesse qui n'aurait pas été produite sans lui.

C'est comme si l'on disait que pour transporter une marchandise d'un lieu à un autre, la voiture n'a servi à rien et n'a rendu aucun service et que c'est le travail de l'homme qui, en traînant la voiture, a effectué seul le transport; or, la voiture, c'est le capital, sans lequel l'homme n'aurait pu accomplir son travail ou ne l'aurait accompli que dans un laps de temps beaucoup plus considérable.

D'ailleurs, n'avons-nous pas déjà vu que le capital n'est que du travail accumulé, économisé, qui produit aujourd'hui une action que nos ancêtres auraient pu lui faire produire il y a cent ou deux cents ans, et, à ce titre seul, n'a-t-il pas droit à sa part dans la répartition? Les socialistes eux-mêmes seront forcés de l'admettre.

L'intérêt de l'argent n'étant que la rémunération d'un service rendu, le prix d'un travail accompli, n'est-il pas injuste de le prohiber ou même d'en limiter le taux?

Ce n'est pas, en effet, en limitant le taux de l'intérêt que l'on parviendra jamais à enrayer l'usure, qui, au contraire, n'en est rendue que plus habile. Une telle mesure est d'ailleurs antiéconomique et n'est qu'une entrave à la liberté des transactions; il faut laisser la concurrence s'établir et le taux de l'intérêt se limitera de lui-même. Le progrès dans ce sens est déjà commencé; il n'y a plus de limite au taux de l'intérêt conventionnel en matière commerciale.

II. — DE LA PART REVENANT AUX TRAVAILLEURS

DANS LA RÉPARTITION DE LA RICHESSE

Nous avons vu le travail figurer parmi les éléments de production de la richesse; les socialistes veulent même que ce soit, avec la nature, le seul élément de production. Le travail doit donc, lui aussi, recueillir sa part dans la distribution de la richesse qui n'existerait pas sans lui; car, il faut bien le reconnaître, c'est lui l'agent le plus actif de la production.

La part revenant au travail dans la répartition de la

richesse se divisera entre les entrepreneurs, d'une part, sous le nom de profit, et les ouvriers, d'autre part, sous la dénomination de salaire.

A. Du profit ou part de l'entrepreneur dans la répartition de la richesse. — L'œuvre de l'entrepreneur est de diriger le travail; il prépare les plans, achète les matériaux nécessaires, procède à la distribution des tâches, etc... Il concourt directement a la production de la richesse qui doit naître du travail organisé par ses soins, et a par suite droit à une part dans la distribution de la richesse; cette part sera le profit, qui sera d'autant plus élevé qu'il se présentera moins d'entrepreneurs, que l'entreprise sera plus hasardeuse, que le but aura été mieux atteint; en un mot, le taux du profit est essentiellement variable et indéterminé, il dépend uniquement du succès de l'entreprise. Si l'entreprise réussit parfaitement, l'entrepreneur aura droit à un profit considérable; rien d'injuste à cela, puisqu'il courait le risque d'être en perte si ses espérances avaient été déçues, car, il n'aurait pas moins été dans l'obligation de payer ses ouvriers ainsi que les matériaux employés. C'est ce caractère aléatoire qui, nous allons le voir, distingue le *profit* du *salaire*.

B. Du salaire ou de la part de l'ouvrier dans la répartition de la richesse. — La question ouvrière est une de celles pour la solution desquelles des flots d'encre sont chaque jour répandus, et, bien que les places publiques aient vu maintes fois leur sol se rougir du sang versé pour la solution de ce problème, il s'en faut de beaucoup que la lutte soit terminée. Ce n'est pas d'ailleurs à l'aide de théories ni à grands renforts de révolutions que l'on parviendra au but tant désiré; seule, la marche lente de l'évolution sociale et les progrès mesurés de la civilisation sont susceptibles d'améliorer le sort du travailleur.

Le travail est, sans contredit, l'élément le plus actif de production de la richesse; aussi sa part dans la répartition est-elle, quoi qu'on en dise, de beaucoup la plus considérable. L'importance du salaire de l'ouvrier, ou si l'on préfère, sa part dans la répartition, sera donc directement proportionnelle à la productivité de son travail. Il importe donc d'encourager l'ouvrier à travailler avec ardeur, et de stimuler son activité à perfectionner les modes d'exécution que la nature met à sa disposition. Aussi s'est-on efforcé, par toutes sortes de moyens, de rendre le travail plus productif, en cherchant des combinaisons qui devaient avoir une influence favorable sur le taux des salaires : c'est ainsi que l'on a imaginé les salaires à la tâche :

Les salaires à la tâche avec prime;

Les salaires au temps avec prime;

L'échelle mobile des salaires.

Enfin, le dernier progrès accompli dans cette voie, c'est le système de la participation au bénéfice, qui a le double avantage d'attribuer à l'ouvrier une part dans les bénéfices, en cas de réussite de l'entreprise en ne l'exposant pas aux risques d'une fausse spéculation. En effet, quel que soit le résultat obtenu, l'ouvrier a toujours la certitude d'obtenir le salaire qui lui a été promis; en outre, l'espérance d'obtenir sa part dans les bénéfices réalisés le rendra plus scrupuleux dans l'accomplissement de son devoir. Il touchera donc tout d'abord son salaire fixe ; il recevra ensuite sa part dans les bénéfices, et, enfin, son travail étant devenu plus productif, il verra croître, dans son intérêt, le taux du salaire. — Dans ces conditions, je ne crois pas qu'il soit inexact de dire que la situation faite à l'ouvrier est de beaucoup préférable à celle de l'entrepreneur ; l'un est sûr d'avoir chaque jour de quoi suffire à son existence et à celle de sa famille, l'autre fait chaque jour des avances considérables, dans l'espérance d'un gain aléatoire, il se donne souvent beaucoup de mal pour aboutir à un désastre irréparable.

Il faut donc laisser les événements suivre leur courant naturel. Grâce aux progrès de la civilisation, la condition du travailleur tend à s'améliorer chaque jour, et, fatalement, il arrivera un moment où il n'y aura plus lieu de chercher à résoudre ce que l'on appelle la question sociale. La statistique démontre de la façon la plus claire que depuis un demi-siècle, le taux du salaire s'est augmenté dans la proportion de deux à trois et demi, tandis que les conditions d'existence n'ont pas sensiblement varié ; car, si certains produits sont devenus plus chers, d'autres, au contraire, ont considérablement diminué par suite des grandes inventions et du progrès de l'industrie manufacturière. De plus, grâce aux bienfaits des associations ouvrières, connues sous le nom d'associations coopératives ou de consommation, d'associations de production, de sociétés de secours mutuels, etc..., le travailleur n'aura plus à redouter les cruautés de la faim.

Enfin, la formation des caisses d'épargne privées et de la caisse d'épargne postale, viendra encore permettre à l'ouvrier d'améliorer son sort. Il trouvera en elles un lieu sûr pour déposer ses petites économies qu'il aura à cœur de voir s'augmenter. Et alors, comme capitaliste et comme ouvrier, il aura droit à deux parts distinctes dans la répartition de la richesse. Il ne sera pas rare de voir le même individu participer à la production de la richesse, à la fois comme capitaliste, comme entrepreneur et comme ouvrier.

SECTION TROISIÈME

CIRCULATION DE LA RICHESSE

L'homme ne produit que dans le but de satisfaire à ses besoins personnels, il ne travaille que pour assurer son existence et celle des siens ; du jour où il a acquis la certitude d'avoir atteint ce but, il cesse de prendre part à la production de la richesse, mais il continue toujours à consommer. D'où il résulte que la richesse, sous quelque forme qu'elle se présente, n'est créée que pour être consommée.

Mais il importe de remarquer que celui qui consomme une richesse déterminée est rarement, ou même jamais, celui qui l'a produite.

La richesse, produite et distribuée, passe de mains en mains avant de disparaître, elle circule.

En effet, ce n'est que grâce à la spécialisation des tâches que le travail est susceptible d'atteindre le degré de productivité nécessaire, l'homme ne se perfectionnant qu'autant qu'il ne se livre qu'à une seule occupation.

Mais alors, tel individu qui exercera la profession de boulanger produira beaucoup plus de pain qu'il ne pourra en consommer lui et sa famille; il sera même obligé d'en produire en grande quantité pour lui permettre d'en aller offrir à son voisin le tailleur, ainsi qu'à son voisin le cordonnier, qui lui remettront, en échange, l'un un vêtement, l'autre une paire de chaussures.

La circulation de la richesse se manifestera donc tout d'abord sous forme de troc, d'échange, comme on dit en Économie politique.

Mais, le troc primitif qui consiste pour le tailleur, par exemple, à échanger un vêtement contre une certaine quantité de pains, deviendra bientôt impossible. Au bout d'un certain temps, le boulanger lui dira : « mais des vêtements, je n'en ai que faire, apportez-moi plutôt un chapeau, » et alors, le tailleur devra se rendre chez le chapelier et lui proposer son vêtement en échange d'un chapeau avec lequel il pourra se procurer le pain dont il a besoin.

C'est alors que l'on songera à trouver une marchandise à l'aide de laquelle chacun pourra se procurer tous les objets dont il aura besoin. Cette marchandise c'est la monnaie.

Enfin, le producteur perdant un temps précieux à rechercher le consommateur, et, dans tous les cas, ne pouvant toujours se mettre en rapport qu'avec les consommateurs peu éloignés de lui, il devait nécessairement s'établir un trait d'union entre les uns et les autres. Ce trait d'union, nous le trouvons dans le commerce. Le commerçant n'étant, en effet, qu'un intermédiaire entre le producteur et le consommateur.

Nous allons donner quelques développements sur l'échange, ainsi que sur les procédés qui en facilitent le fonctionnement et qui sont la monnaie et le commerce.

I. — DE L'ÉCHANGE

L'échange est un contrat dans lequel chaque coéchangiste reçoit un avantage en compensation de celui qu'il fournit à l'autre. Cette définition de l'échange convient à tous les contrats à titre onéreux, et peut s'appliquer au contrat de vente, qui n'est qu'un troc perfectionné, aussi bien qu'aux contrats de louage, de transport, de société, etc..., puisqu'en remontant à la source de ces différents contrats, on découvre qu'ils ne sont conclus que parce que chaque partie y trouve ou croit y trouver un avantage.

Mais il faut remarquer que les règles de l'échange ne sont pas fixées librement par les parties. C'est, en effet, la valeur des avantages offerts qui sert à déterminer les conditions du contrat, et cette valeur elle-même ne s'établit qu'en obéissant à certaines lois.

Il ne suffit pas, en effet, qu'une chose existe dans la nature ou qu'elle ait été produite par l'homme pour qu'elle soit susceptible de faire l'objet d'un échange; il faut encore qu'elle possède certaines qualités : elle doit être utile, elle doit être recherchée, c'est-à-dire, dans une certaine mesure, rare. Une chose n'aura de valeur qu'autant qu'elle remplira ces deux conditions. Mais la valeur d'une chose ne sera pas toujours la même; elle sera plus ou moins élevée suivant que les amateurs seront plus ou moins nombreux; que les choses désirées seront, elles aussi, plus ou moins nombreuses. En un mot, cette valeur se fixera suivant la loi de l'offre et de la demande, et elle ne sera définitivement fixée que quand l'offre sera égale à la demande.

Faisons connaître en quelques mots, par un exemple, le mécanisme de cette fameuse loi de l'offre et de la demande dont on parle si souvent en Économie politique.

Nous sommes, si l'on veut bi n, au commencement de la saison des asperges, et il n'y a actuellement sur le marché de la localité où nous nous trouvons que cinquante bottes de cette marchandise. D'autre part, les habitants de la ville mangeraient bien tous des asperges; mais, comme il n'y en aura pas de quoi contenter tout le monde, il faudra se les arracher et les vendeurs ne seront pas embarrassés de leurs denrées; au contraire, ils profiteront de la circonstance; ils feront leur marchandise fort cher, à l'effet d'éliminer le plus d'acheteurs possible. Mettant tout d'abord leurs bottes d'asperges à vingt francs, il est probable que personne n'en voudra, car quelque désir que chacun aura de voir des asperges sur sa table, il sera obligé d'y renoncer. Ne trouvant pas d'acheteurs dans ces conditions, parce que l'élimination aura été trop complète, le vendeur sera obligé de se montrer moins exigeant et abaissera son prix à quinze francs. Peu d'acheteurs seront encore disposés à s'offrir des asperges à ce taux; un seul peut-être, à qui ses moyens le lui permettront, se rendra acquéreur d'une botte d'asperges. Ici encore l'élimination sera trop complète, et il faudra que le prix descende successivement à dix, huit, cinq, quatre francs, jusqu'à ce que le nombre de personnes pouvant payer une botte d'asperges quatre francs soit égal au nombre de bottes à vendre, alors on dira que la demande est égale à l'offre et que la valeur de la botte d'asperges a été fixée à quatre francs. Le vendeur pourra encore profiter, d'une autre façon, de la situation propice qui s'offre à lui; il fera venir, s'il le peut, de nouvelles marchandises pour contenter un plus grand nombre de demandes à un prix qui ne sera définitivement fixé qu'autant que l'égalité aura pu s'établir entre l'offre et la demande, soit à l'aide d'une élimination d'acheteurs, soit par l'augmentation de la marchandise convoitée.

L'équilibre entre l'offre et la demande pourra encore être rompu pour une cause contraire, parce que la marchandise sera trop abondante sur le marché et les acheteurs peu nombreux seront sans enthousiasme. Il sera alors nécessaire que les vendeurs baissent leurs prix jusqu'à ce que d'autres acheteurs, attirés par le bon marché, soient venus grossir le nombre des précédents et rétablir l'équilibre entre l'offre et la demande. Ou bien encore, si les marchands veulent maintenir leurs prix, ils devront faire disparaître une partie de la marchandise, en la transportant ailleurs ou même en l'anéantissant, afin toujours de faire cesser toute disproportion entre l'offre et la demande.

C'est ainsi que la valeur des choses est essentiellement variable et que son taux dépend d'une multitude de circonstances; mais il se fixe toujours en suivant des règles déterminées qui constituent le mécanisme de la loi de l'offre et de la demande. Grâce au progrès de la civilisation, du commerce et de l'industrie, il est facile de connaître tous les rouages de ce mécanisme compliqué et cette connaissance permet de faire varier à l'infini, suivant les besoins du moment, ce que l'on est convenu d'appeler le cours.

II. — DE LA MONNAIE

Nous avons vu les inconvénients et les difficultés du troc primitif, de l'échange, en montrant le tailleur dans l'impossibilité de se procurer du pain parce que les boulangers avaient déjà plus de vêtements qu'il ne leur en fallait pour leur propre consommation. Il importait donc de trouver une marchandise unique qui pût servir d'équivalent à toutes les autres marchandises, d'intermédiaire à tous les échanges.

Le premier objet qui servit de monnaie consista en têtes de bétail. Les peuples nomades possédaient de nombreux troupeaux qu'ils conduisaient partout avec eux; avaient-ils besoin d'une arme, par exemple, ils donnaient un mouton en échange; vendaient-ils une pirogue, ils recevaient un bœuf. Mais le bétail, qui pouvait servir aux échanges chez les peuples nomades, ne remplissait plus les conditions d'une bonne monnaie quand il s'agissait de faciliter les échanges entre individus civilisés.

En effet, bien que la monnaie ne soit qu'une marchandise, elle doit posséder certaines qualités que ne possèdent pas les marchandises ordinaires. Il faut d'abord qu'elle soit susceptible d'être acceptée de tout le monde, c'est-à-dire qu'elle ait la même utilité pour Pierre que pour Paul; elle doit encore avoir une grande utilité sous un petit volume, c'est-à-dire être rare; elle doit enfin être essentiellement divisible, en d'autres termes, chaque partie doit avoir, par rapport au tout, une valeur exactement proportionnelle à son poids et à son volume.

Les métaux précieux seuls : l'or, l'argent, le cuivre, possèdent toutes ces conditions réunies. Ils sont facilement acceptés de tous, car ils ont pour tous la même utilité et ils pourront être échangés partout et à tout moment contre toutes sortes de marchandises. Ils ont une grande valeur sous un petit volume, car ils sont rares. Enfin, ils sont essentiellement divisibles : un gramme d'or valant exactement dix fois moins que dix grammes d'or.

Pourrait-on en dire autant du diamant? Évidemment non. Le diamant a bien, il est vrai, une grande valeur, même sous un très petit volume, il est également susceptible d'être accepté par tout le monde, mais on ne peut pas dire qu'il soit essentiellement divisible, car, étant donné un diamant d'un certain volume et d'un certain poids, ayant une valeur de cent francs, un autre diamant d'égale pureté et d'un volume et d'un poids doubles du premier, vaudra peut-être cinq ou six cents francs. Le diamant ne peut pas être fractionné comme on fractionne l'or et l'argent.

III. — DU COMMERCE

L'échange est le seul moyen pour l'homme de se procurer la richesse qu'il n'a pas à l'aide de celle qu'il possède, qui lui est attribuée dans la distribution et qui sera généralement celle qu'il aura produite. Nous venons de voir comment l'emploi de la monnaie rendait l'échange facile.

Néanmoins, la circulation de la richesse serait particulièrement difficile, s'il fallait que chacun, après avoir produit une certaine quantité d'objets, se mît en campagne pour aller trouver lui-même, dans les différentes localités, tous ceux qui peuvent avoir besoin de son produit pour leur consommation personnelle. Le temps de l'ouvrier devrait se diviser en deux parties égales. Pendant six mois de l'année il travaillerait pour produire, et, le reste du temps, il parcourerait tous les pays pour écouler ses produits. Ce mode primitif pourrait encore se concevoir à la rigueur pour certaines industries, mais il est des produits qui doivent être livrés à la consommation dès qu'ils sont fabriqués; d'autres sont fabriqués exclusivement dans un pays pour être consommés au loin. Souvent même le producteur et le consommateur se rechercheraient mutuellement sans parvenir à se rencontrer. Dans tous les cas, l'un et l'autre perdraient à se rechercher un temps considérable qu'ils emploieraient beaucoup plus utilement à produire.

C'est alors que le commerce vient à leur secours et qu'un certain nombre d'individus s'offrent à eux pour leur servir d'intermédiaires. Le commerçant achète au fabricant la richesse qu'il a produite, pour ensuite la revendre au consommateur.

Si l'on ne voit, dans le commerçant, qu'un intermédiaire entre le producteur et le consommateur, on est tenté de lui refuser une part dans la répartition de la richesse à la production de laquelle il ne semble pas concourir, et bon nombre de socialistes soutiennent que le gain du commerçant est illégitime et qu'il constitue un vol sur la part de l'ouvrier.

Cette théorie, bien que fort accréditée, est absolument fausse. En effet, le commerçant concourt, lui aussi, à la production de la richesse. Pendant qu'il cherche les consommateurs de la richesse produite, le travailleur continue à produire, alors qu'il serait lui-même obligé d'abandonner l'établi pour se mettre à la recherche des clients. En conséquence, le commerçant participe, lui aussi, à la production de la richesse. Il ne produit pas par lui-même, c'est vrai, mais il permet aux autres de produire deux ou trois fois plus. Il a donc droit, comme travailleur, à une part dans la répartition de la richesse.

Il résulte de ce qui vient d'être dit que le commerce joue un double rôle en Économie politique : il est un des éléments nécessaires pour assurer la circulation de la richesse, en même temps qu'il est un agent de production.

Le commerce se divise en commerce intérieur et en commerce extérieur, qui comprend lui-même le commerce d'importation et le commerce d'exportation.

Il y a commerce intérieur, lorsque le producteur et le consommateur habitent le même pays, lorsque la marchandise est achetée et revendue pour ainsi dire sur place sans qu'elle ait eu à franchir les frontières qui séparent deux ou plusieurs États. Le commerce extérieur consiste, d'une part, à transporter des produits nationaux, bruts ou manufacturés, à l'étranger, pour y être transformés ou consommés : c'est l'exportation. Il consiste, d'autre part, à acheter des produits en pays étrangers pour les introduire sur le territoire national, où ils doivent aussi être transformés ou consommés : c'est l'importation.

LIBERTÉ DU COMMERCE. — Dans l'ancienne France, la circulation de la richesse à l'intérieur était à chaque pas entravée; chaque province formait comme un petit État dans l'État, et une marchandise transportée d'une région dans une autre devait acquitter des droits multiples à chaque province qu'elle traversait. Ces impôts, sous des noms divers, étaient perçus par les seigneurs et à leur profit.

La Révolution française devait faire cesser cet état de choses et renverser toutes les frontières intérieures. Le commerce est donc maintenant entièrement libre à l'intérieur.

Mais, si toute entrave à la liberté du commerce a pu disparaître à l'intérieur, il s'en faut de beaucoup que le commerce extérieur soit également favorisé. Si les frontières intérieures ont été rasées par la Révolution, les frontières extérieures subsistent toujours et le commerce d'importation et d'exportation rencontrent encore des obstacles plus ou moins sérieux, quand il s'agit d'introduire une marchandise dans un pays ou de l'en faire sortir, et des droits de douane plus ou moins élevés doivent être acquittés. Le commerce extérieur n'est donc pas libre. Cette question de la liberté du commerce a donné naissance à un grand nombre de systèmes, dont il importe de connaître au moins superficiellement les principaux. Parmi les économistes, qui ont pour la plupart traité la question, il en est qui désirent ardemment voir le commerce s'exercer avec la plus grande liberté entre tous les États du monde : ce sont les libres-échangistes. D'autres déclarent que le commerce extérieur ne doit pas être libre : ce sont les protectionnistes, et, parmi ces derniers, on compte deux écoles, l'une qui ne limite la liberté du commerce qu'en tant que cette liberté peut être nuisible à l'industrie commerciale : c'est la protection proprement dite; l'autre qui veut, par des droits exorbitants, fermer la porte à tout produit étranger : c'est la prohibition.

Nous dirons quelques mots seulement du libre-échange, et de la protection sous ces deux aspects.

A. Du LIBRE-ÉCHANGE. — S'il a été reconnu avec raison qu'il importait de faire disparaître à l'intérieur tous les obstacles qui s'opposaient à la liberté du commerce, et si un des principaux bienfaits de la Révolution française est d'avoir renversé toutes les frontières intérieures qui formaient, avons-nous dit, quantité de petits États dans l'État, les mêmes motifs s'imposent pour que toute barrière disparaisse en matière de commerce extérieur. En effet, les produits étrangers venant s'offrir au consommateur concurremment avec les produits nationaux, il en résultera : 1° que l'industrie nationale, obligée de lutter contre la concurrence qui lui sera faite, sera continuellement tenue en éveil; elle se perfectionnera sans cesse sous l'impulsion d'une noble émulation; les inventions viendront, chaque jour, doter le pays de richesses nouvelles; l'industrie nationale atteindra son plus haut degré de perfectionnement; 2° le consommateur ne sera pas livré sans pitié à la merci des producteurs qui feront la loi et n'auront qu'à s'entendre pour vendre leur produit le prix qu'il leur plaira ; n'ayant pas à redouter la concurrence des produits similaires de l'étranger, ils transformeront infailliblement en monopole la protection accordée par l'État à l'industrie nationale.

D'ailleurs, si un pays a absolument besoin, pour sa consommation ou pour son industrie, de produits étrangers, il sera bien obligé de se les procurer quand même. Les droits de douane acquittés à l'entrée par le producteur étranger viendront s'ajouter au coût de production et l'augmenter d'autant, le produit se vendra nécessairement plus cher. Finalement, ce ne sera pas le produit étranger qui aura payé un impôt, ce sera l'industrie ou le commerce intérieur, ce sera le consommateur. Et ainsi, une mesure qui n'avait été prise que dans le but de favoriser l'industrie nationale en lui évitant la concurrence de l'industrie étrangère, se transformera en une mesure fiscale. C'est d'ailleurs l'unique argument que l'on puisse invoquer pour justifier l'intervention de l'État en matière de commerce extérieur.

B. Du protectionnisme. — Permettre dans un pays l'introduction de produits manufacturés étrangers, c'est livrer l'industrie nationale à la merci des industries similaires étrangères pour la voir bientôt étouffée sous le poids d'une concurrence insoutenable ; l'intervention de l'État est donc utile et même indispensable en matière de commerce extérieur. Telle est, en un mot, la théorie de la protection.

Si une industrie vient à péricliter, il importe d'établir immédiatement des droits de douane aussi élevés que possible, afin de fermer la porte aux produits similaires venant du dehors et de permettre ainsi à l'industrie nationale qui périclite de se relever, en lui assurant que ses produits n'auront à soutenir aucune concurrence sur les marchés nationaux, et en lui facilitant les moyens de passer à l'étranger si toutefois elle ne rencontre pas à la frontière des États voisins, une mesure analogue; échange de bons procédés.

De même, lorsqu'une industrie nouvelle prend naissance dans un pays, il faut protéger ses premiers pas en écartant tous les obstacles auxquels elle pourrait se heurter. Ainsi s'expriment les protectionnistes proprement dits.

Mais quelques-uns ne se contentent pas de ces mesures; ils vont beaucoup plus loin et poussent la protection jusqu'à l'extrême en prétendant exclure, grâce à des droits de douane exorbitants, tout produit provenant d'industries étrangères qui sont également industries nationales : c'est la prohibition.

Nous venons de voir les conséquences de tels systèmes; ils aboutissent à la monopolisation des industries nationales; ils sont ennemis acharnés de tout progrès, de tout perfectionnement; on peut s'endormir, puisque l'on n'a pas à craindre que le consommateur mécontent aille se fournir ailleurs.

IV. — DU CRÉDIT

Nous avons vu précédemment comment l'échange rend possible la circulation de la richesse; nous savons également que l'usage de la monnaie et l'intermédiaire du commerçant rendent l'échange possible chez les peuples civilisés. Il est encore une autre institution qui permet au commerce de prendre une extension considérable : cette institution, c'est le crédit, dont nous allons maintenant dire quelques mots.

On a fort exactement défini le crédit en disant que c'est *un échange où l'une des parties ne reçoit pas immédiatement l'équivalent de ce qu'elle fournit.* Or, le mot crédit vient du latin *credere,* avoir confiance; il résulte donc de la définition qui précède, que le crédit est une marchandise. Si, par exemple, je vous prête mille francs pour six mois, c'est en échange de la confiance que vous m'inspirez; de même, si je vous vends un objet que vous ne me paierez que dans trois mois, le sacrifice que je fais en me privant de cet argent pendant les trois mois, je ne le fais encore qu'en échange de la confiance que j'ai en vous. Le crédit est donc une marchandise et, comme toute marchandise, il fait l'objet d'un commerce connu sous le nom de commerce de banque.

Le principal rôle du banquier est donc de rechercher, d'une part, ceux qui ont des capitaux à placer et, d'autre part, ceux qui, en échange du crédit qu'ils possèdent et de la confiance qu'ils inspirent sur la place, désirent se procurer des fonds qu'ils n'ont pas et dont ils ont besoin pour mener à bonne fin une entreprise. Ils servent ainsi de trait d'union entre l'emprunteur et le prêteur. Les opérations que le banquier est appelé à faire peuvent se réduire aux suivantes :

1° *Escompte des effets de commerce;*
2° *Ouverture de crédit;*
3° *Prêt sur titres.*

1° *Escompte des effets de commerce*. — Avant de rechercher en quoi consiste l'escompte des effets de commerce, indiquons quels sont les principaux effets de commerce et faisons connaître les caractères de chacun d'eux. On désigne particulièrement sous le nom d'effets de commerce : la lettre de change, le billet à ordre et le chèque auxquels il conviendrait d'ajouter peut-être le warrant dont nous dirons quelques mots en parlant des magasins généraux.

La lettre de change appelée aussi traite est un effet de commerce ou acte dans lequel trois personnes sont appelées à jouer un rôle et qui suppose un débiteur, le tiré ; un créancier, le tireur ; lequel se trouve lui-même débiteur d'une autre personne, le porteur ou bénéficiaire. Par exemple, Dupont de Paris doit cinq cents francs à Dumont de Versailles qui lui-même est débiteur de la même somme envers Durand de Paris. Il suffira alors à Dumont de tirer une lettre de change sur Dupont et de la remettre à Durand, qui, le jour de l'échéance, se présentera chez Dupont et touchera les cinq cents francs. Ainsi, deux dettes se trouveront éteintes par un seul paiement : celle de Dupont envers Dumont et celle de Dumont envers Durand. Le titre appelé à rendre de si grands services dans le commerce, en évitant de nombreux déplacements de numéraire, recevra la forme suivante :

Versailles, ce 19 février 1891.   B P F 500

Au 31 mars prochain, veuillez payer à M. Durand, ou à son ordre, la somme de *cinq cents francs*.

Valeur reçue en marchandises.

                                              Bon pour cinq cents francs.

A Monsieur Dupont,
   rue...   à Paris.   Signé, Dumont.

Le porteur dans notre espèce, Durand, pourra à son tour payer cinq cents francs qu'il doit à Pierre, en lui remettant par endossement la lettre de change qui deviendra alors la propriété de Pierre, et ainsi de suite.

Le billet à ordre, peu différent de la lettre de change, suppose lui aussi une dette à éteindre, un créancier et un débiteur. Mais ici, le tireur et le tiré sont réunis dans la même personne, c'est celui qui a créé le titre qui en paiera le montant. Par exemple, Paul doit deux cents francs à Pierre, au lieu de les lui payer tout de suite et n'ayant sans doute pas pour le moment les fonds dans sa caisse, il lui remet un billet à ordre ainsi conçu :

Paris, ce 17 janvier 1895.   B P F 200

Au trente et un mai prochain, je paierai à Pierre, ou à son ordre, la somme de *deux cents francs.*

Signé, PAUL.

Facilement transmissible par endossement puisqu'il est à ordre, ce titre est appelé à rendre au commerce les mêmes services que la lettre de change.

Le chèque, d'un usage très répandu chez nos voisins d'outre-Manche, où il rend de signalés services dans un pays où les banquiers sont les caissiers de leurs clients, est aussi un effet de commerce ayant encore beaucoup d'analogie avec la lettre de change, en ce sens qu'il suppose un tireur, un tiré et un porteur. Par exemple, Pierre dépose vingt mille francs à la Banque de France ou chez tout autre banquier; il achète à Paul pour cinq mille francs de drap qu'il paye comptant, mais n'ayant pas les cinq mille francs sur lui et d'autre part, ayant chez son banquier une somme disponible beaucoup plus importante, il remettra à Paul un chèque ainsi conçu :

Paris, ce quatorze janvier 1895.

A vue, veuillez payer au porteur la somme de *cinq mille francs,* que vous passerez à mon compte.

A la banque NOEL et Cie.

Signé, PIERRE.

Ici, Pierre est le tireur, la banque Ch. Noël et Cie est le tiré ; quant au porteur, ce sera Pierre, ou celui à qui il aura passé le chèque. C'est donc un moyen commode pour effectuer un paiement avec des fonds que l'on tient en réserve chez le tiré qui est généralement un banquier. Tels sont les principaux effets de commerce dont l'escompte constitue l'une des attributions du banquier.

Ces différents titres sont, en effet, toujours à terme, et ne seront remboursés par le débiteur que quand le terme sera échu. Or, il peut se faire qu'un commerçant possède un grand nombre de ces papiers dans sa caisse et qu'il ait des paiements au comptant à effectuer. Il ira chez son banquier, qui lui comptera en espèces et par anticipation la valeur des titres qui lui seront présentés ; il retiendra naturellement une petite somme représentant : 1° les intérêts depuis ce paiement jusqu'à l'échéance ; 2° la garantie des risques qu'il court ; 3° la rémunération du service qu'il rend.

Cette opération s'appelle escompter un effet de commerce, la retenue s'appelle escompte.

2° Ouverture de crédit. — Généralement, les commerçants ont chez leurs banquiers ce que l'on appelle un crédit ouvert. L'ouverture d'un crédit est une convention, un contrat, aux termes duquel le commerçant pourra prendre chez un banquier, toutes les fois qu'il en aura besoin, des sommes plus ou moins importantes, et cela, jusqu'à concurrence d'un maximum fixé par la convention, et qui sera d'autant plus élevé que le commerçant inspirera une plus grande confiance à son banquier. Un intérêt, légitimement dû, est perçu par ce dernier, mais il ne court que pour les sommes réellement empruntées, et du jour où les fonds sont sortis des caisses du banquier jusqu'au jour où ils y sont rentrés.

3° Prêt sur titres. — Cette opération n'est autre chose que la réunion de deux contrats; le prêt, d'une part, le gage, d'autre part. En effet, dans le prêt sur titres, le banquier fait des avances à un particulier qui, pour sûreté de la créance du banquier contre lui, constitue en gage des valeurs mobilières.

Mais le commerce de banque ne consiste pas uniquement dans des opérations de prêt; les banquiers ont encore un autre rôle, souvent même très important dans certains grands centres commerciaux; ils sont les caissiers de leurs clients. C'est alors et pour faciliter cette mission que nous rencontrons l'usage du chèque, des virements et des comptes courants.

Du chèque. — Nous avons vu comment un commerçant peut avoir un crédit ouvert chez son banquier; nous avons vu également quels services pouvait rendre le chèque à celui qui possède des fonds disponibles dans les caisses d'un de ses correspondants.

Le virement. — Il peut se faire que la personne à qui je

dois mille francs, par exemple, soit également un client de mon banquier et possède comme moi un compte ouvert chez lui, le paiement sera encore plus facile, je n'aurai qu'à donner des instructions pour que les mille francs que je dois cessent de figurer à l'actif de mon compte pour être portés au compte de mon créancier, je suis ainsi complètement libéré ; cependant, aucun paiement réel n'a été effectué, un simple passage d'écriture sur les registres de notre banquier commun a suffi pour faire passer les mille francs que je devais, de mon patrimoine dans le patrimoine de celui à qui je les devais.

Enfin, grâce à l'emploi des *comptes courants*, qui règlent les relations pécuniaires des particuliers entre eux et des banquiers avec leurs correspondants, je puis prier mon propre banquier de Paris de faire encaisser ou de faire payer à Liverpool le montant d'une lettre de change payable dans cette localité.

Du billet de banque. — Il importe de remarquer que toutes les opérations du commerce de banque, consistant notamment en prêts d'argent, sont faites par les banquiers, à l'aide des fonds qui leur sont confiés. La plupart des banques n'ont pas d'autres procédés à leur disposition pour se procurer des capitaux. Mais il existe quelques banques peu nombreuses, qui, sous le nom de banques d'émission, se procurent un crédit considérable sur leur simple signature, en émettant des effets de commerce d'une nature particulière et qui, possédant des caractères spéciaux, portent le nom de billets de banque.

Le billet de banque, tout en étant un effet de commerce, doit posséder, pour atteindre le but auquel il est destiné, des qualités qui le distinguent de l'effet ordinaire :

1° Appelé à circuler comme de l'argent monnayé, il doit pouvoir être à tout moment transformable en argent monnaie, la banque qui l'émet s'engage à en rembourser le montant de suite, si on le lui demande, en un mot, il est à vue.

2° Pour circuler facilement, inspirer la confiance du public et tenir lieu de monnaie, il faut en outre qu'il soit facilement transmissible, il sera donc au porteur.

3° Enfin, il ne doit pas être à terme, afin que celui qui en est détenteur puisse être toujours sûr d'être remboursé quelque éloignée que soit la date de l'émission qu'il ignore généralement. Aucune prescription ne sera susceptible d'éteindre la dette de la banque envers les porteurs de ses billets.

DE QUELQUES ÉTABLISSEMENTS DE CRÉDIT
AUTRES QUE LES BANQUES

A. DES MAGASINS GÉNÉRAUX. — On désigne, sous le nom de magasins généraux, les vastes entrepôts qui, sous le nom de docks, rendent d'inappréciables services au commerce, en permettant aux différents industriels ou représentants de commerce de tenir, à tout moment, à la disposition de leurs clients des marchandises encombrantes, sans pour cela qu'ils aient besoin d'avoir eux-mêmes des magasins.

En effet, celui qui possède des marchandises les fait déposer dans un de ces établissements, en attendant d'en avoir trouvé le placement, et il n'a qu'à payer un droit de magasinage qui se fixe proportionnellement à la quantité de marchandises et au temps qu'elles restent en dépôt.

Au moment du dépôt, il est remis au déposant un titre constatant le dépôt, indiquant la nature, la quantité, la qualité des marchandises et qui servira à opérer le retrait de ces marchandises.

Ce titre comprend deux parties distinctes, réunies sur la même feuille et qui peuvent facilement être séparées; l'une s'appelle *récépissé*, l'autre se nomme *warrant*.

Le récépissé, qui indique les noms, profession et domicile du déposant, la nature, la quantité et la qualité de la marchandise, est cette partie du titre qui constitue l'acte de propriété. Quant au warrant, qui contient les mêmes indications, ce n'est qu'un bulletin de gage.

Ainsi, le déposant qui est actuellement propriétaire de la marchandise, pourra la vendre à un autre, quoiqu'elle ne soit pas effectivement en sa possession; il lui suffira, pour opérer le transfert de propriété, de remettre à son acheteur le récépissé, transmission qui s'opère par voie d'endossement.

Ne trouvant pas à vendre sa marchandise et ayant besoin d'argent, il pourra faire un emprunt et constituer les marchandises en gage pour sûreté de la créance de son prêteur contre lui. Cette constitution de gage s'opérera par la remise du warrant, qui se fait également par endossement. Dans le cas de constitution de gage, le déposant restera toujours propriétaire de sa marchandise, qu'il pourra vendre et livrer, par la remise du récépissé, à l'acheteur qui connaîtra ainsi que les marchandises qu'il achète ont été données en gage, puisque le warrant n'est plus joint au récépissé. Il ne pourra retirer la marchandise qu'après avoir remboursé la somme empruntée et être ainsi rentré en possession du warrant.

Si les deux titres, récépissé et warrant, sont encore réunis, l'acheteur peut immédiatement retirer la marchandise dont il est devenu propriétaire et qui n'est pas grevée du privilège du créancier gagiste. Il peut aussi, s'il le veut, vendre la marchandise à son tour et transmettre par endossement le titre complet. Il peut encore constituer la marchandise en gage en endossant le warrant et ensuite vendre la même marchandise en endossant le récépissé; nous savons, dans ce cas, à quelle condition l'acheteur pourra retirer sa marchandise.

On le voit, les magasins généraux rendent de grands services au commerce en facilitant des ventes successives sans déplacement, par la seule transmission du titre de dépôt, en permettant au déposant de se procurer du crédit à l'aide des marchandises, qu'il peut constituer en gage par la seule transmission du warrant par endossement.

B. Des Monts-de-Piété. — Enfin, parmi les établissements de crédit, on peut encore citer les monts-de-piété, qui sont des établissements de prêts sur gages, sur effets mobiliers. A la différence des magasins généraux, qui ne font que recevoir la marchandise en dépôt, sans jamais faire eux-mêmes aucune avance de fonds sur les marchandises déposées, les monts-de-piété prêtent une somme d'argent plus ou moins importante, suivant la valeur de l'objet qu'ils ne rendront que contre remboursement de la somme prêtée. Le déposant reçoit aussi un récépissé constatant le dépôt et l'importance de la somme avancée; il peut, lui aussi, disposer de son récépissé en le vendant. Les monts-de-piété, fondés dans un but philanthropique, au lieu de rendre service et de porter secours à ceux qui en usent, sont une cause de ruine pour tous ceux qui, avec la certitude d'obtenir un peu d'argent aussitôt dépensé, souvent même gaspillé, engagent successivement tous leurs effets mobiliers qu'ils ne parviennent jamais à retirer. Institués pour permettre au pauvre diable d'échapper à la rapacité de l'usurier qu'il craignait et auquel il aurait hésité à emprunter, ces établissements ont ouvert devant lui un abîme qui l'attire irrésistiblement, en lui offrant un moyen trop commode de se procurer un peu d'argent et de courir à la ruine.

SECTION QUATRIÈME

CONSOMMATION DE LA RICHESSE

Nous abordons la dernière partie de notre étude, et, après avoir vu la richesse se former, grâce aux concours des éléments naturels, du travail et du capital, après avoir assisté à sa distribution, à son partage entre tous ceux qui avaient concouru directement ou indirectement à sa formation et recherché à l'aide de quels procédés sa circulation était rendue plus facile, nous allons maintenant la voir disparaître.

Les différents phénomènes économiques relatifs à la

consommation de la richesse sont beaucoup moins nombreux et beaucoup moins complexes que ceux afférents à la production, à la répartition et à la circulation.

Le but unique des efforts accumulés de l'homme étant de pourvoir à la satisfaction de ses besoins, et les richesses produites ne pouvant arriver à ce résultat qu'à la condition d'être détruites par l'usage, la consommation de la richesse s'opérera tout naturellement sans complication et toujours de la même façon.

Nous n'aurons donc que quelques mots à dire relativement à cette quatrième section, en indiquant les principales sortes de consommation.

On distingue, en effet : 1° les consommations improductives, ce sont les plus nombreuses, ce sont celles qui consistent en aliments, vêtements, entretien, dépenses de luxe, etc... — A tout bien considérer, il n'existe pas, à part quelques exceptions, de consommations absolument improductives, les richesses qui semblent disparaître ne sont pas englouties à tout jamais, et souvent elles se retrouvent et manifestent leur existence sous une autre forme. C'est ainsi, par exemple, que la nourriture que nous prenons cesse bien d'exister comme richesse de la nature des aliments, mais elle entretient en nous la vie et l'activité qui nous sont indispensables pour travailler et produire d'autres richesses; et au lieu de les appeler consommations improductives, il serait peut-être plus exact de les nommer consommations indirectement reproductives de richesse; 2° les consommations reproductives, appelées quelquefois consommations industrielles. La dépense de charbon nécessaire à l'entretien d'une machine à vapeur actionnant les tours d'un atelier sera une consommation industrielle; il en sera de même de l'usure de la machine, ces différentes consommations étant faites dans le but d'obtenir de retrouver leur équivalent dans le produit à la fabrication duquel elles auront participé.

La consommation industrielle sera, on le voit, plus ou moins lente, selon qu'il s'agira de richesse provenant du fonds de capitaux, comme la machine qui disparaîtra lentement par suite de l'usure; ou du fonds de consommation qui disparaîtra presque instantanément et dont l'emploi ne pourra être renouvelé plusieurs fois, comme la houille qui alimente la machine, l'avoine qui nourrit le cheval.

Documents manquants (pages, cahiers...)
NF Z 43-120-13